B.Lakshmi Prasanna
M.Pala Prasad Reddy

SISTEMA INTELIGENTE DE MONITORIZAÇÃO DE ENTRADAS COM IOT PARA DETECÇÃO DA COVID-19

B.Lakshmi Prasanna
M.Pala Prasad Reddy

SISTEMA INTELIGENTE DE MONITORIZAÇÃO DE ENTRADAS COM IOT PARA DETECÇÃO DA COVID-19

Tirar partido da tecnologia para uma melhor monitorização da segurança e da saúde

ScienciaScripts

Imprint
Any brand names and product names mentioned in this book are subject to trademark, brand or patent protection and are trademarks or registered trademarks of their respective holders. The use of brand names, product names, common names, trade names, product descriptions etc. even without a particular marking in this work is in no way to be construed to mean that such names may be regarded as unrestricted in respect of trademark and brand protection legislation and could thus be used by anyone.

Cover image: www.ingimage.com

This book is a translation from the original published under ISBN 978-620-7-84460-9.

Publisher:
Sciencia Scripts
is a trademark of
Dodo Books Indian Ocean Ltd. and OmniScriptum S.R.L publishing group

120 High Road, East Finchley, London, N2 9ED, United Kingdom
Str. Armeneasca 28/1, office 1, Chisinau MD-2012, Republic of Moldova, Europe
Printed at: see last page
ISBN: 978-620-8-04991-1

SISTEMA INTELIGENTE DE MONITORIZAÇÃO DE ENTRADAS COM IOT PARA DETECÇÃO DA COVID-19

Perfil dos autores

A Sra. B. Lakshmi Prasanna trabalha atualmente como Professora Assistente no Instituto de Engenharia Aeronáutica de Hyderabad, no Departamento de Engenharia Eletrónica e de Comunicações. Concluiu o bacharelato em ECE e o mestrado em sistemas incorporados na JNTU Ananthapur. A sua investigação inclui processamento de imagem, aprendizagem automática, sistemas incorporados, Internet das coisas e sistemas de comunicação. Pode ser contactada através do endereço eletrónico: lakshmiprasanna447@gmail.com.

O Dr. M Pala Prasad Reddy trabalha atualmente como Professor Associado no departamento de Engenharia Eléctrica e Eletrónica. Recebeu o grau de B.Tech da Universidade Tecnológica Jawaharlal Nehru, Hyderabad. Obteve o grau de M.Tech com especialização em Instrumentação e Controlo e obteve o doutoramento em Sistemas de Controlo no Instituto Nacional de Tecnologia de Calicute, Kerala. As suas áreas de interesse incluem sistemas de controlo lineares e não lineares, processamento de imagem, aprendizagem automática, técnicas de computação suave, Internet das coisas, sistemas incorporados. Pode ser contactado através do endereço eletrónico: prasadreddy.mule@gmail.com

RESUMO

A ideia subjacente à Internet das Coisas (IoT) é estabelecer uma ligação entre diferentes objectos localizados no mundo físico, permitindo a sua monitorização remota através da Internet. Dada a natureza altamente contagiosa da COVID-19, que se propaga principalmente através do contacto com indivíduos infectados, são necessárias medidas eficazes de deteção e prevenção. Apesar da limitada investigação existente sobre a deteção e prevenção da COVID-19, nenhuma propôs um sistema automático de bloqueio remoto baseado na IoT. Consequentemente, o nosso trabalho visa colmatar esta lacuna através da introdução de um sistema autónomo que impede que indivíduos com suspeitas de COVID-19 acedam a um campus ou instalação. O principal objetivo deste sistema é identificar indivíduos potencialmente infectados com COVID-19 e mitigar o seu contacto com outros.

O sistema proposto incorpora duas funcionalidades fundamentais. Em primeiro lugar, mede a temperatura corporal de uma pessoa, que serve como um indicador importante de uma potencial infeção por COVID-19. Em segundo lugar, determina se o indivíduo está a usar uma máscara, uma medida preventiva vital. Se o sistema não detetar uma máscara facial ou registar uma temperatura corporal elevada, impede o utilizador de entrar no campus e envia uma notificação por correio eletrónico à pessoa que está a operar. Esta abordagem a vários níveis garante que os indivíduos que não cumprem os requisitos de saúde e segurança necessários são impedidos de aceder às instalações.

Uma das vantagens significativas do nosso sistema é a sua capacidade de funcionar de forma autónoma, reduzindo a necessidade de supervisão humana constante. Além disso, foi concebido para ser económico e facilmente implementável em vários locais de trabalho ou instituições. A sua simplicidade e versatilidade permitem uma implementação perfeita em diferentes ambientes, melhorando a acessibilidade geral e a facilidade de utilização. Aproveitando o potencial da tecnologia IoT e integrando a medição da temperatura e a deteção de máscaras faciais, o nosso sistema fornece uma solução robusta para prevenir a propagação da COVID-19. O seu foco principal é a identificação de indivíduos com potenciais sintomas de COVID-19 e a tomada de medidas proactivas para limitar o seu contacto com outras pessoas. Este esforço contribui para o objetivo mais amplo de garantir a saúde e a segurança públicas em vários ambientes

Palavras-chave: Raspberry Pi3, Câmara Pi, MLX90614, COVID-19, Deteção de máscara facial, Deteção de temperatura.

LISTA DE CONTEÚDOS

LISTA DE ABREVIATURAS

ARM	Máquina RISC avançada
CV aberto	Biblioteca de visão computacional de código aberto
RPS	Fonte de alimentação regulada
IOT	Internet das coisas
SMS	Serviço de mensagens curtas
LED	Díodo emissor de luz
LCD	Ecrã de cristais líquidos

I NTRODUÇÃO

O principal objetivo deste projeto é utilizar um Raspberry Pi para construir um dispositivo de segurança capaz de mitigar a transmissão da COVID-19. O projeto dá ênfase ao desenvolvimento de um sistema de interior que possa monitorizar eficazmente os níveis de temperatura. Para tal, estamos a utilizar o sensor de temperatura sem contacto MLX90614. Além disso, estamos a utilizar uma câmara pi e a implementar a aprendizagem profunda utilizando o Tensorflow para detetar se as pessoas estão a usar máscaras ou não. O resultado final é um sistema de segurança COVID-19 económico que utiliza vários módulos e sensores ligados a um processador Raspberry Pi 3.

O sistema foi concebido para medir a temperatura corporal dos indivíduos sem contacto, utilizando um sensor de infravermelhos. O processo envolve a passagem de pessoas pelo sensor, uma de cada vez. Assim que a temperatura de uma pessoa é identificada como sendo superior à temperatura normal do corpo humano, o CPU Raspberry Pi3 transmite um sinal para bloquear a porta e acciona um alarme sonoro através de uma campainha. Por outro lado, se a temperatura da pessoa estiver dentro do intervalo aceitável, a porta abrir-se-á para permitir a sua entrada. Este mecanismo garante que apenas os indivíduos com uma temperatura corporal normal podem ter acesso, minimizando assim o potencial de propagação de doenças contagiosas como a COVID-19.

Para implementar a funcionalidade de deteção de máscaras, uma câmara Pi é ligada ao Raspberry Pi e integrada com um algoritmo de aprendizagem profunda. Quando o utilizador ativa o sistema, a câmara regista fotografias de qualquer pessoa que passe pela região selecionada. Se a imagem tirada mostrar a pessoa com a boca e o nariz tapados, isso indica que está a usar corretamente uma máscara e a porta em questão abre-se imediatamente. Se a pessoa não estiver a usar a máscara ou se a estiver a usar incorretamente, o CPU Raspberry Pi3 produzirá um sinal para trancar a porta, enviará um e-mail para a pessoa em questão e activará um alarme sonoro através de uma campainha. Desta forma, garante-se que só é permitida a entrada de pessoas que usem corretamente as máscaras, reduzindo o risco de transmissão da COVID-19.

O processador Raspberry Pi3 é o dispositivo de controlo central do projeto. O mecanismo da porta é acionado por um motor DC, que é controlado pelo Raspberry Pi. O cartão SD, que serve de armazenamento principal para o sistema operativo e outros dados do projeto, é um componente importante do Raspberry Pi. O estado do sistema é apresentado num painel LCD, que fornece informações em tempo real sobre o funcionamento do sistema. Para indicar o estado de funcionamento do projeto, são utilizados dois LEDs, que fornecem pistas visuais ao utilizador. Em conjunto, estes componentes formam um sistema robusto que pode monitorizar e controlar eficazmente o acesso a espaços interiores, melhorando a segurança e reduzindo a propagação de doenças infecciosas como a COVID-19.

1.1 Sistemas incorporados:

Um sistema incorporado refere-se a um sistema informático personalizado destinado a executar funções específicas, muitas vezes com limitações de computação em tempo real. Estes sistemas são normalmente integrados em dispositivos completos que incluem componentes de hardware e mecânicos para cumprir as funcionalidades necessárias. Em contrapartida, os computadores de uso geral, como os computadores pessoais, são concebidos para serem versáteis e adaptáveis, de modo a satisfazerem uma vasta gama de necessidades dos clientes. Os dispositivos electrónicos modernos, incluindo os gadgets de uso corrente, são alimentados por algoritmos incorporados que lhes permitem desempenhar as suas funções específicas de forma contínua e eficiente.

Os microcontroladores ou os processadores de sinais digitais (DSP) são núcleos de processamento primário comuns nos sistemas incorporados. Estes processadores são concebidos para realizar tarefas específicas e podem exigir uma capacidade de processamento significativa para o fazerem de forma eficiente. Por exemplo, os sistemas de controlo de tráfego aéreo, que utilizam computadores mainframe e redes especializadas para ligar pistas e localizações de radares, podem ser considerados sistemas integrados. É provável que cada radar tenha um ou mais dispositivos integrados responsáveis pela gestão de tarefas específicas, como o processamento de dados de radar e a gestão de comunicações com aeronaves próximas. Apesar da complexidade desses sistemas, eles são projetados para operar de forma contínua e confiável, permitindo que executem funções críticas sem interrupção.

Os engenheiros de projeto podem tirar partido das vantagens dos sistemas incorporados, como o seu desempenho e fiabilidade, reduzindo simultaneamente o tamanho e o custo do produto final. Isto deve-se ao facto de os sistemas incorporados se dedicarem a tarefas específicas, permitindo aos engenheiros otimizar o design para essa função específica. Além disso, os dispositivos incorporados são frequentemente produzidos em grandes quantidades para tirar partido das economias de escala, o que pode reduzir ainda mais os custos. Ao utilizar sistemas incorporados, os projectistas podem criar produtos de elevado desempenho optimizados para tarefas específicas, mantendo ao mesmo tempo o produto acessível e compacto.

Os sistemas incorporados podem variar muito em termos de dimensão física e complexidade. No extremo mais pequeno do espetro, há dispositivos móveis, como leitores de MP3 e relógios digitais, que incorporam sistemas incorporados. No extremo maior do espetro, há estruturas fixas, como semáforos, computadores industriais e sistemas de controlo de centrais nucleares, que incorporam sistemas incorporados. A complexidade destes sistemas pode ir de um único chip microcontrolador com funções simples a um conjunto de unidades, acessórios e redes integrados num grande chassis ou contentor com uma funcionalidade altamente complexa. Apesar dos diferentes níveis de complexidade, todos os sistemas incorporados são concebidos para executar tarefas específicas e são optimizados para o caso de utilização a que se destinam.

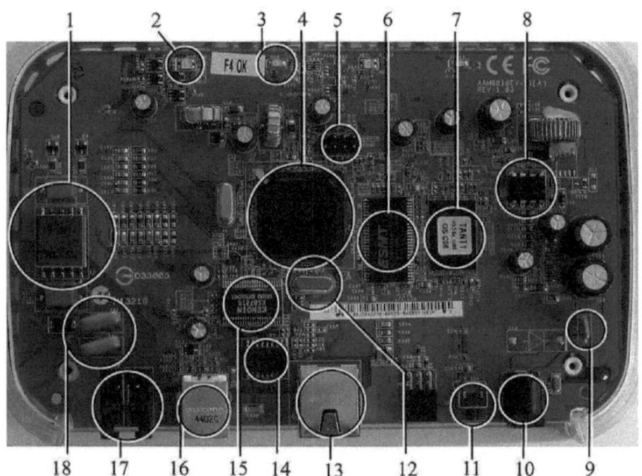

A figura. 1.1 Representa uma ilustração de um dispositivo incorporado da era moderna

De um modo geral, um sistema incorporado inclui tipicamente hardware especializado centrado numa Unidade Central de Processamento (CPU). Esta configuração de hardware inclui chips de memória que armazenam o software, normalmente designado por firmware. O diagrama ilustra a estrutura em camadas de um sistema incorporado, com o sistema operativo situado acima da camada de hardware e o software de aplicação a funcionar acima do sistema operativo. A conceção de um sistema incorporado difere significativamente da de um computador de secretária. Dispositivos simples como controlos remotos, aparelhos de ar condicionado e brinquedos podem não necessitar de um sistema operativo e podem funcionar com software especificamente adaptado ao fim a que se destinam. No entanto, para aplicações mais complexas, é recomendado um sistema operativo. Nesses casos, o programa de aplicação tem de ser integrado no sistema operativo antes de ser transferido para o chip de memória. Uma vez carregado no chip de memória, o programa pode continuar a funcionar indefinidamente sem necessidade de carregar novo software.

Agora, vamos explorar as especificações dos vários elementos de hardware que compõem um sistema incorporado. Os componentes que formam a base estão ilustrados na figura que destaca a Unidade Central de Processamento (CPU).

- Memória (memória de acesso aleatório e memória só de leitura)
- Dispositivos de entrada e dispositivos de saída
- Interfaces de comunicação
- Circuito específico da aplicação

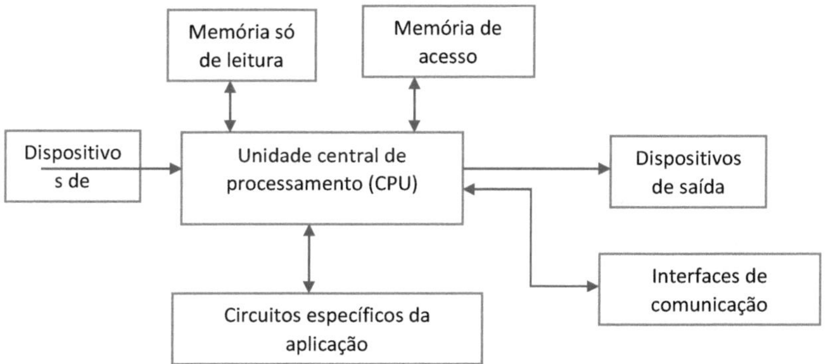

Figura 1.2: Blocos de um sistema integrado de hardware

1.1.1 Unidade central de processamento (CPU)

O microcontrolador, o microprocessador ou o processador de sinal digital são todos exemplos da Unidade Central de Processamento (ou processador, em resumo) (DSP). Uma CPU económica é um microcontrolador. O seu principal ponto de venda é a inclusão de numerosos componentes adicionais no próprio chip, incluindo memória, uma ligação de comunicação em série, um conversor analógico-digital, etc. Por conseguinte, um microcontrolador é a opção ideal para pequenas aplicações, uma vez que não são necessários muitos componentes externos. Os microprocessadores, por outro lado, são mais potentes, mas é necessário utilizar vários componentes adicionais com eles. O D5P é utilizado principalmente em aplicações relacionadas com o processamento de sinais, como o processamento de áudio e vídeo

1.1.2 Memória:

Existem dois tipos de memória: Memória de acesso aleatório (RAM) e memória só de leitura (ROM). A RAM é volátil, o que significa que o seu conteúdo é apagado quando o chip perde energia, enquanto a ROM mantém o seu conteúdo mesmo sem energia. Por conseguinte, o software é armazenado na memória NAND. Ao ser ligado, o processador lê a ROM e executa o programa.

1.1.3 Dispositivos de entrada

Os métodos de entrada dos sistemas incorporados são muitas vezes mais limitados do que os dos computadores de secretária. A falta de um teclado ou de um rato pode dificultar a interação com o dispositivo incorporado. Um dispositivo de entrada comum para os sistemas incorporados é um pequeno teclado, em que um simples premir de tecla pode emitir uma única instrução. Em certos casos, os teclados podem restringir-se apenas à introdução de dados numéricos. Para certos sistemas incorporados, os dispositivos de entrada para interação humana podem não estar incluídos na gestão do processo. Em vez disso, estes sistemas recebem dados de sensores ou actuadores que geram sinais eléctricos, que são subsequentemente transmitidos a outros sistemas.

1.1.4 Dispositivos de saída

Para além de LEDs e LCDs, outros dispositivos de saída normalmente utilizados em sistemas incorporados incluem campainhas ou altifalantes para alertas sonoros, motores para controlo de movimentos e relés para comutação de cargas de elevada potência. A utilização de dispositivos de saída depende da aplicação específica do sistema incorporado. Por exemplo, num sistema de controlo de temperatura, um motor pode ser utilizado para acionar uma válvula para regular o fluxo de líquido de refrigeração, enquanto um ecrã LCD pode ser utilizado para mostrar o valor atual da temperatura.

1.1.5 Interfaces de comunicação

Para além das interfaces de comunicação física mencionadas, os sistemas incorporados podem também utilizar protocolos de comunicação sem fios, como Bluetooth, Wi-Fi, Zigbee e NFC. Estes protocolos sem fios permitem a comunicação entre sistemas incorporados ou com outros dispositivos sem a necessidade de fios ou cabos físicos.

REVISÃO DA LITERATURA

"O método NPS RT-qPCR, que é amplamente aceite como a norma de ouro para o diagnóstico da COVID-19 e envolve a utilização de zaragatoas da nasofaringe, enfrenta desafios nas movimentadas estações de quarentena dos aeroportos. Estes desafios incluem uma capacidade de teste limitada, restrições de tempo, desconforto do viajante e a disponibilidade de equipamento de proteção pessoal para os funcionários de quarentena. Por conseguinte, é necessário encontrar uma alternativa prática para testar os viajantes que chegam, especialmente à medida que o número de passageiros aumenta devido à retoma das actividades comerciais, turísticas e económicas. Para explorar potenciais alternativas à NPS RT-qPCR, foi realizado um estudo com viajantes aéreos assintomáticos com COVID-19 que estavam em quarentena numa instalação designada. Os investigadores recolheram amostras da nasofaringe, da zona nasal anterior e da saliva durante um período de sete dias. Compararam os resultados de nove métodos de teste diferentes, incluindo o método de referência RT-qPCR, a amplificação isotérmica mediada por laço (LAMP) e os testes qualitativos e quantitativos de antigénio. A análise centrou-se na sensibilidade dos testes e incluiu 97 amostras colhidas em diferentes dias de teste de viajantes assintomáticos, independentemente da data de entrada ou da duração do estado assintomático."[1]

A sensibilidade dos vários testes variou de 46,6% a 81,0%. No entanto, quando a carga viral nas amostras de NPS RT-qPCR excedeu 10.000 cópias por amostra, a sensibilidade melhorou de 72,7% para 100,0%. Estes resultados indicam que os testes avaliados têm uma maior probabilidade de detetar a maioria dos viajantes assintomáticos de alto risco com uma carga viral mais elevada. Em particular, o teste quantitativo de antigénio utilizando amostras de saliva apresentou uma sensibilidade de 90,9% e forneceu resultados mais rápidos. Consequentemente, pode ser considerada uma alternativa prática ao NPS RT-qPCR em estações de quarentena de aeroportos movimentados. O estudo explora as implicações destes resultados iniciais para o estabelecimento de uma estratégia de teste abrangente e viável para a COVID-19 entre os passageiros aéreos. A implementação de testes quantitativos de antigénio com amostras de saliva tem o potencial de abordar as limitações enfrentadas nas estações de quarentena dos aeroportos, permitindo um rastreio eficiente e fiável de viajantes assintomáticos[1].

A pandemia de COVID-19 exerceu, sem dúvida, uma influência notável nas nossas rotinas quotidianas e na economia mundial. Mesmo quando os países começam a flexibilizar as restrições, a transmissão rápida e contínua do vírus continua a ser motivo de apreensão. À medida que os empregados regressam aos edifícios de escritórios, é crucial limitar a propagação da epidemia na comunidade. A tecnologia, e em particular a tecnologia de construção inteligente, pode ser uma ferramenta útil para atingir este objetivo. Em resposta a esta necessidade, foi proposta uma estratégia baseada na IoT para evitar tocar em diferentes objectos e superfícies do local de trabalho. O sistema, denominado qToggle, fornece uma estrutura para ligar eficazmente dispositivos inteligentes e dar-lhes a inteligência necessária para automatizar muitas tarefas diárias no local de trabalho. Os produtos qToggle são construídos principalmente com placas Raspberry Pi, processadores ESP8266/ESP8285 e sensores inteligentes. Com uma aplicação para smartphone, os utilizadores podem controlar vários aparelhos e sensores. Esta solução inovadora é um excelente exemplo de como a tecnologia pode ajudar-nos a adaptarmo-nos a novos desafios e a melhorar as nossas vidas. Ao tirar partido da tecnologia IoT e dos dispositivos inteligentes, podemos criar locais de trabalho mais seguros e eficientes, mais bem equipados para lidar com a atual pandemia de COVID-19[2].

As máscaras faciais, incluindo filtros têxteis, cirúrgicos e respiratórios, são amplamente utilizadas para minimizar a propagação de infecções virais através do ar. No entanto, a nossa compreensão de como as gotículas se comportam à volta destes filtros, incluindo a sua contenção, fuga e penetração, é ainda limitada. Este estudo tem como objetivo investigar de forma abrangente a dinâmica de fluidos envolvida na transmissão de gotículas respiratórias através e à volta dos filtros das máscaras faciais. Para examinar esta dinâmica, os investigadores utilizaram um modelo de dinâmica de fluidos computacional multifásico que utilizou uma estrutura Euleriana-Lagrangiana totalmente acoplada. O modelo analisou o comportamento das gotículas geradas por uma tosse ligeira e estudou os fenómenos de dinâmica de fluidos que afectam a eficiência da máscara. Foram considerados no modelo factores importantes, como as forças de dispersão turbulenta, a mudança de fase das gotículas, a evaporação, a rutura e as interações entre as gotículas e outras gotículas e o ar circundante. Para garantir a exatidão, o modelo utilizou dados que se assemelhavam muito às experiências de tosse do mundo real. O estudo realça a necessidade de rever os critérios utilizados para avaliar o desempenho das máscaras faciais. Estes critérios devem ter em conta a dinâmica da penetração das gotículas durante a transmissão aérea, a dinâmica dos fluidos relacionada com a fuga em torno do filtro e a redução da eficiência durante os ciclos de tosse. Além disso, o estudo propõe um novo critério que permite um cálculo mais preciso da eficiência da máscara, incorporando a dinâmica da penetração das gotículas. Os resultados demonstram que o uso de máscaras pode reduzir eficazmente a transmissão de gotículas transportadas pelo ar e proporcionar proteção ao utilizador contra as gotículas expelidas por outros. No entanto, é importante notar que um número significativo de gotículas continua a dispersar-se à volta e para longe da máscara durante os ciclos de tosse. Por conseguinte, confiar apenas nas máscaras não garante uma proteção completa, salientando a importância permanente de manter medidas de distanciamento social durante uma pandemia. As implicações da redução da eficiência da máscara e da transmissão de gotículas respiratórias para longe da máscara são particularmente críticas para os profissionais de saúde. Este estudo fornece provas convincentes que apoiam os efeitos preventivos das máscaras faciais na redução da transmissão de gotículas. Os resultados oferecem informações valiosas que podem orientar a utilização correta e o aperfeiçoamento das máscaras faciais no combate às doenças infecciosas. [3]

O servidor funciona como o componente central do sistema, responsável pela gestão, controlo e monitorização das casas dos utilizadores. Os utilizadores e o administrador do sistema podem gerir e controlar convenientemente o código do sistema, quer localmente (através da LAN) quer remotamente (através da Internet). O módulo de interface de hardware funciona como um intermediário entre o servidor e os sensores e actuadores do sistema de domótica. O módulo de interface de hardware actua como intermediário entre o servidor e os sensores e actuadores do sistema de domótica. Fornece as interfaces necessárias para ligar e interagir sem problemas com vários dispositivos em toda a casa. O que distingue este sistema de outros no mercado é a sua escalabilidade. Com o sistema proposto, um único servidor pode lidar com vários módulos de interface de hardware, desde que estejam dentro da cobertura da rede WiFi. Este aspeto de escalabilidade facilita a expansão e a integração sem esforço de dispositivos adicionais no sistema de domótica. O sistema oferece suporte para uma vasta gama de dispositivos de domótica, incluindo componentes de gestão de energia e componentes de segurança. Esta versatilidade permite que os utilizadores personalizem e adaptem a sua configuração de automatização de acordo com as suas preferências e requisitos específicos[4].

A área médica exige a máxima privacidade ao lidar com os registos dos pacientes, o que torna difícil a utilização de casos anteriores para o diagnóstico atual sem comprometer a confidencialidade. Nesta investigação, oferecemos uma abordagem de pesquisa de registos médicos com preservação da privacidade baseada na assinatura cega ElGamal. Podemos aceder de forma segura a casos anteriores sem revelar informações críticas, ocultando tanto os dados saudáveis do paciente como a base de dados do médico. O nosso sistema permite que os pacientes realizem um diagnóstico médico auto-ajudado, comparando resumos cegos de dados actuais e registos anteriores, melhorando a oportunidade de recolha de informações e satisfazendo os requisitos de troca de informações a alta velocidade, especialmente na era 5G. Além disso, o nosso sistema proporciona segurança bidirecional, garantindo a proteção da privacidade da base de dados de casos e das informações pessoais do doente, mesmo que os resumos não coincidam. Mostramos também que o nosso método pode sobreviver a diferentes níveis de ataques de força bruta, variando a quantidade de zeros numa cadeia de bits com base em vários parâmetros de segurança. Globalmente, esta iniciativa é promissora para o futuro dos sistemas médicos inteligentes que protegem a privacidade dos doentes [5]

Este estudo constatou que a perda do paladar e/ou do olfato era um sintoma comum (relatado por 62% dos pacientes com casos de COVID-19) e tinha um elevado valor preditivo positivo (83%) para identificar casos de COVID-19 entre os contactos domiciliários. Por conseguinte, sugere-se que as disfunções olfactivas e gustativas devem ser tidas em consideração ao identificar e dar prioridade aos testes de COVID-19. O estudo foi realizado num ambiente doméstico e incluiu 42 casos de doentes com COVID-19 e os seus contactos domésticos. Os resultados sugerem que a perda do paladar e/ou do olfato pode ser um sintoma útil para identificar casos de COVID-19, particularmente no contexto da transmissão doméstica[6].

À luz da pandemia de COVID-19, tem havido uma preocupação crescente com as várias vias de transmissão do vírus. Embora medidas como o isolamento, o distanciamento social e a higiene das mãos tenham sido amplamente recomendadas, há também provas que sugerem que a transmissão por via aérea é um fator significativo na propagação da doença. Consequentemente, acreditamos que os controlos de engenharia destinados a reduzir a transmissão aérea devem ser considerados como parte de uma estratégia abrangente para mitigar o risco de infeção em espaços interiores. Uma abordagem potencial é a implementação de medidas como evitar a recirculação do ar, prevenir o congestionamento e melhorar a ventilação através da utilização de filtros de ar e sistemas de desinfeção. Embora estas medidas possam ser relativamente simples e económicas, a sua eficácia depende do reconhecimento da sua importância na redução da propagação do vírus. Numa investigação independente, foram utilizados métodos de aprendizagem profunda para identificar variedades distintas de Durio zibethinus, popularmente conhecido como durião, através da análise dos seus atributos visuais. O estudo utilizou redes neurais convolucionais (CNN) para aumentar a precisão e a velocidade do processo de classificação, tendo sido desenvolvido um catálogo fiável de variedades de durião identificadas. O processo de investigação envolveu o pré-processamento e a conversão das imagens, a rotulagem de dados one-hot, a conceção da rede, a formação e a avaliação do modelo utilizando um total de 800 imagens. Em geral, estes estudos destacam o potencial da tecnologia para melhorar os resultados de saúde pública e enfrentar desafios prementes, como a pandemia de COVID-19 e a identificação de alimentos. Tirando partido de técnicas avançadas, como a aprendizagem profunda e os controlos de engenharia, podemos desenvolver estratégias mais eficazes para reduzir a propagação de doenças e promover o bem-estar[7].

A Internet das Coisas (IoT) transformou a forma como ligamos e monitorizamos objectos remotos no mundo físico utilizando a Internet. No contexto do vírus COVID-19, altamente contagioso e de rápida propagação, têm sido limitados os esforços para desenvolver soluções de deteção e prevenção. Surpreendentemente, nenhum trabalho existente propôs um sistema automatizado de bloqueio remoto baseado na IoT. Assim, o nosso objetivo é preencher esta lacuna através da introdução de um sistema autónomo que impede que indivíduos suspeitos de terem COVID-19 entrem num campus.O nosso sistema proposto aproveita os dispositivos IoT para identificar eficazmente os suspeitos de COVID-19 e limitar a sua interação com os outros. Utiliza duas medições principais: a temperatura corporal e o nível de oxigénio no sangue. Estas medições são comparadas com os limiares recomendados pela Organização Mundial de Saúde (OMS) para a temperatura corporal e o nível de oxigénio no sangue. Se um indivíduo apresentar uma temperatura corporal elevada ou um nível baixo de oxigénio no sangue, o sistema recusa autonomamente a sua entrada no campus. Além disso, o sistema envia imediatamente uma notificação por correio eletrónico aos indivíduos suspeitos, informando-os da sua potencial doença. Funciona de forma independente, reduzindo a necessidade de intervenção manual e assegurando medidas de deteção e prevenção eficazes. Além disso, a nossa solução é económica, o que a torna viável para implementação em vários ambientes de campus ou de escritório. Ao tirar partido dos dispositivos IoT, o nosso sistema oferece uma abordagem prática e fiável para mitigar o risco de transmissão da COVID-19. Proporciona monitorização em tempo real e capacidades de bloqueio automático, promovendo assim um ambiente mais seguro e saudável no campus ou no escritório[8].

Atualmente, não existe nenhum tratamento aprovado especificamente concebido para a doença do coronavírus 2019 (COVID-19). Por conseguinte, a Organização Mundial de Saúde (OMS) recomenda que os doentes se concentrem nos cuidados de apoio. No entanto, os profissionais de saúde e os investigadores têm vindo a explorar ativamente várias abordagens terapêuticas baseadas no vírus e no hospedeiro desde o aparecimento da síndrome respiratória aguda grave do coronavírus 2 (SARS-CoV-2) na China. A Comissão Nacional de Saúde da China emitiu diretrizes de tratamento que estimularam a realização de estudos clínicos em todo o mundo. Esta revisão abrangente tem como objetivo avaliar as principais intervenções terapêuticas utilizadas no tratamento da COVID-19. As terapias antivirais, tais como o remdesivir, o lopinavir/ritonavir e o umifenovir, mostraram-se promissoras, particularmente quando administradas antes do pico da replicação viral, conduzindo a melhores resultados. A ribavirina pode ter alguns benefícios quando utilizada em combinação com outras terapêuticas, mas a sua eficácia como tratamento autónomo é limitada. A utilização de corticosteróides deve ser cautelosa e limitada a condições específicas de coexistência, enquanto a imunoglobulina intravenosa (IVIg) não é recomendada devido à insuficiência de dados que apoiem a sua utilização para a COVID-19. A medicina tradicional chinesa, como o Xuebijing, pode trazer benefícios para os doentes com complicações como a pneumonia bacteriana ou a sépsis. A eficácia do interferão permanece incerta devido aos resultados contraditórios de estudos anteriores sobre o coronavírus. A cloroquina e a hidroxicloroquina demonstraram inibição do SARS-CoV-2 em laboratório, mas a sua eficácia clínica e o equilíbrio entre os riscos e os benefícios, particularmente no que diz respeito a perturbações do ritmo cardíaco, requerem mais investigação. Nos casos que envolvem a síndrome de libertação de citocinas, os inibidores da interleucina-6 podem oferecer vantagens potenciais[9].

A recolha de dados em tempo real desempenha um papel fundamental no domínio da saúde humana, e a monitorização remota de sinais vitais como o ritmo cardíaco e a temperatura corporal pode revelar-se extremamente vantajosa. A equipa de investigação desenvolveu sensores para recolher dados de um grupo de voluntários, e o microcontrolador Arduino foi programado para transmitir os dados de forma segura através de uma rede sem fios XBee para uma estação de PC remota para visualização e armazenamento. Para minimizar o consumo de energia, os sensores são activados apenas quando é recebido um comando do PC remoto. Este sistema tem o potencial de revolucionar a forma como os sinais vitais são monitorizados, especialmente nos casos em que os pacientes não podem visitar um hospital ou clínica com frequência. Pode ser utilizado em locais remotos ou mesmo em missões espaciais onde podem ocorrer emergências médicas. A utilização de redes sem fios para a transmissão de dados torna o sistema fácil de instalar e gerir, e o baixo consumo de energia garante uma longa duração da bateria dos sensores[10].

M ETODOLOGIA

1.2 Introdução

A ênfase principal deste capítulo reside no diagrama de blocos do projeto e nos desenhos dos módulos individuais. A figura 3.1 ilustra o diagrama de blocos referido neste contexto.

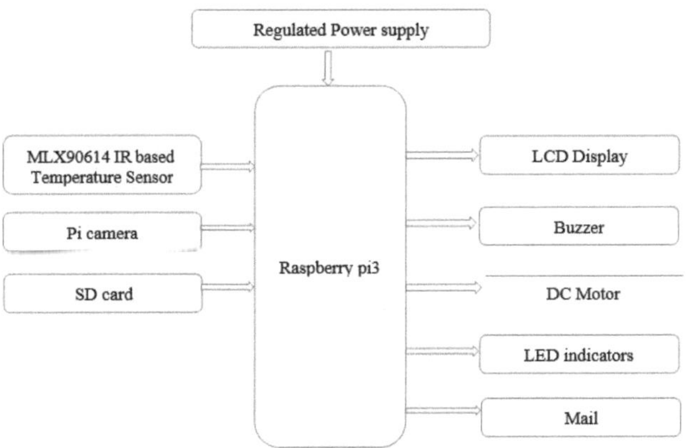

Figura 3.1: Diagrama de blocos do sistema Raspberry Pi

Os principais elementos deste projeto são os seguintes:

1. Raspberry pi3.
2. Câmara Pi.
3. MLX90614 (um sensor de temperatura baseado em IR)
4. Motor DC.
5. Buzina
6. Ecrã LCD.
7. Indicadores LED.

1.3 Raspberry pi

A Fundação Raspberry Pi, sediada no Reino Unido, criou o Raspberry Pi, um computador de placa única do tamanho de um cartão de crédito, com o objetivo de incentivar o ensino da informática nas escolas. A produção do Raspberry Pi é efectuada ao abrigo de acordos de licenciamento com empresas como a Newark element14 (Premier Farnell), a RS Components e a Egoman. Estas empresas vendem o Raspberry Pi em linha. Além disso, a Egoman fabrica uma versão distinta destinada exclusivamente à distribuição na China e em Taiwan, caracterizada pela sua cor vermelha e pela ausência de marcas FCC/CE. É de salientar que todos os fabricantes utilizam o mesmo hardware.

Figura 3.2: Raspberry pi

O Raspberry Pi 3 é um computador de pequenas dimensões que pode ser ligado a um televisor e a um teclado, assemelhando-se a uma configuração de PC de secretária. Incorpora um SoC (System-on-Chip) Broadcom BCM2837 com uma CPU ARM1176JZF-S de 1,2 GHz, uma GPU VideoCore IV e 1 GB de RAM. Ao contrário dos PCs convencionais, não contém um disco rígido interno ou uma unidade de estado sólido. Em vez disso, depende de um cartão microSD para arrancar e armazenar dados.

O Raspberry Pi 3 suporta a reprodução de vídeo de alta definição a 1080p através da sua GPU Videocore 4 incorporada e é compatível com sistemas operativos baseados no kernel Linux. Inclui quatro portas USB, saídas de vídeo HDMI e RCA, uma tomada de áudio estéreo de 4 pólos de 3,5 mm que também suporta saída de vídeo composto, um conetor de entrada de alimentação micro USB para alimentação de 5 V e uma ranhura para um cartão de memória flash microSD, MMC ou SDIO.

Além disso, a placa inclui uma ranhura de expansão de cabeçalho de 40 pinos de 2,54 mm, tornando-a adequada para várias aplicações, como processamento de imagem, renderização de vídeo, reconhecimento visual, eletrónica de consumo, comunicações e redes.

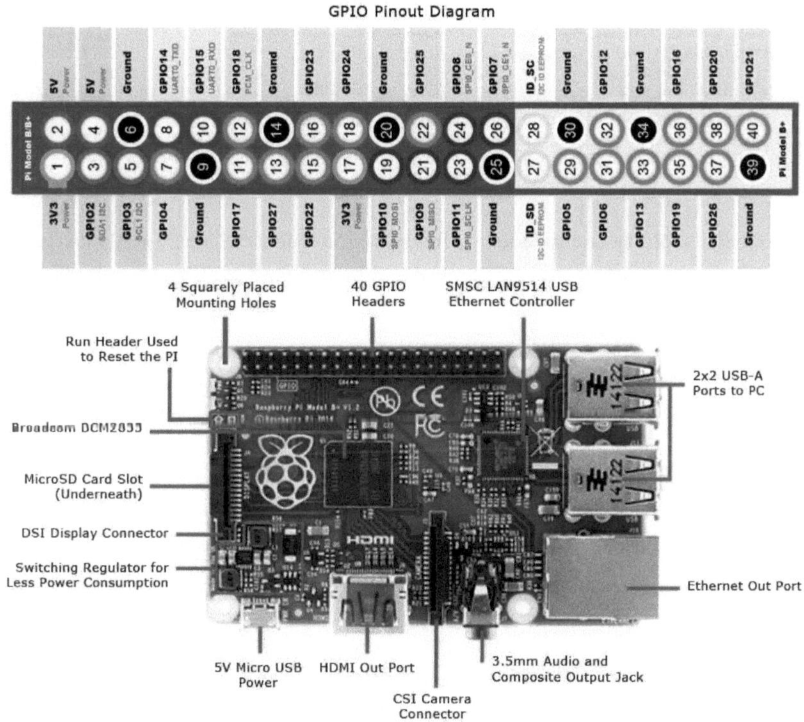

Figura 3.3: Diagrama de pinagem GPIO

O Raspberry Pi tem várias vantagens que o tornam uma solução atractiva para várias utilizações comerciais e pessoais:

1. Baixo consumo de energia: O Raspberry Pi tem um baixo consumo de energia, o que o torna uma solução eficiente em termos energéticos para servidores pequenos e leves. As poupanças de custos resultantes da utilização do Pi em vez de um servidor de tamanho normal podem rapidamente aumentar, uma vez que os servidores funcionam continuamente.

2. Sem partes móveis: O Pi armazena dados num cartão SD, que é rápido e não tem componentes mecânicos, o que o torna fiável e de baixa manutenção. Além disso, como o Pi não tem componentes móveis, o seu funcionamento é suave e não produz ruído.

3. Formato pequeno: O tamanho compacto do Pi permite-lhe caber em espaços pequenos, tornando-o uma excelente solução para projectos que requerem um computador pequeno.

4. Capacidades de expansão: O Pi é compatível com uma vasta gama de dispositivos, incluindo webcams, dispositivos de E/S e pontes USB, o que o torna versátil e expansível.

5. Acessível: O Pi oferece excelentes especificações para o preço, tornando-o uma solução acessível para amadores, empresas e outros utilizadores.

6. Enorme apoio da comunidade: O Pi tem uma comunidade grande e solidária, que fornece muitos recursos online para os utilizadores resolverem problemas e encontrarem novos projectos para realizar.

7. Capacidade de overclocking: Os utilizadores podem fazer overclocking do Pi para melhorar o seu desempenho, mas isto acarreta alguns riscos.

8. Múltiplas utilizações: Uma vez que o armazenamento do Pi está num cartão SD, os utilizadores podem facilmente trocar o cartão para correr diferentes distribuições GNU/Linux, tornando-o uma solução versátil para várias aplicações. Os utilizadores podem até fazer cópias de segurança do cartão SD para recuperar dados, se necessário.

Apesar das suas muitas vantagens, o Raspberry Pi tem algumas desvantagens que vale a pena considerar. Uma das limitações mais significativas é que não pode executar sistemas operativos x86 devido à sua arquitetura de CPU baseada em ARM. Isto significa que os sistemas operativos populares, como o Windows e as distribuições Linux concebidas para a arquitetura x86, não podem ser utilizados no Raspberry Pi sem modificações. Além disso, algumas aplicações de software que sobrecarregam o processador podem não ter um bom desempenho no Raspberry Pi, que tem um CPU de potência relativamente baixa em comparação com a maioria dos PCs modernos.

Outra potencial desvantagem do Raspberry Pi é o facto de poder não ser adequado para tarefas exigentes que requerem um elevado nível de desempenho ou capacidade de processamento. Por exemplo, o Raspberry Pi pode encontrar dificuldades quando confrontado com tarefas exigentes, como a edição de vídeo ou a renderização em 3D, uma vez que estas tarefas requerem recursos de computação significativos. No entanto, é importante notar que o Raspberry Pi foi concebido como uma plataforma de computação de baixo custo e baixo consumo de energia, e as suas limitações resultam em grande parte destes objectivos de conceção. Como tal, não deve ser avaliado utilizando os mesmos critérios que os computadores mais potentes e dispendiosos.

Por fim, o tamanho pequeno e o baixo consumo de energia do Raspberry Pi também podem ser vistos como uma desvantagem em determinados contextos. Embora estas caraterísticas o tornem uma excelente escolha para muitas aplicações, podem não ser ideais para cenários em que é necessário um dispositivo maior ou mais potente. Por exemplo, uma empresa ou organização que necessite de executar vários servidores de elevado desempenho pode considerar que o Raspberry Pi não é uma opção adequada devido ao seu poder de processamento limitado e à sua capacidade de expansão limitada.

Utilização futura do Raspberry Pi:

O Raspberry Pi, desenvolvido pela Raspberry Pi Foundation, sediada no Reino Unido, foi inicialmente concebido com o objetivo de ajudar os estudantes a compreender os princípios essenciais da informática. No entanto, o conceito inicial da Raspberry Pi Foundation era o de que cada indivíduo deveria ter acesso a um computador pessoal. Esta iniciativa foi iniciada com crianças em idade escolar, com o objetivo de tornar esta ideia uma realidade. A forma educativa deste dispositivo demonstrou rapidamente os seus benefícios; ao implementar esta tecnologia na sala de aula, muitos alunos aumentaram a sua compreensão e proficiência em informática.

Como resultado, devem desenvolver novos modelos para professores e alunos, tais como os que tornam a roupa das crianças mais bonita para atrair mais jovens, à medida que continuam a avançar nesta área. O Raspberry Pi utiliza atualmente o Linux como linguagem informática principal, embora os programadores esperem criar no futuro a sua própria linguagem que funcione melhor com esta tecnologia. Como o Raspberry Pi pode ser personalizado de acordo com as necessidades do cliente, já recebeu um grande número de pré-encomendas. Devido ao seu tamanho de cartão de crédito e à sua capacidade de ser transferido para qualquer tipo de computador, pode ser utilizado numa indústria especializada, como a indústria de espionagem, que é aprovada pelo governo, e pode ser exatamente o que o governo exige. A questão é que esta tecnologia é tão amplamente utilizada que o adversário pode facilmente localizá-la.

O facto de a versão atual do Raspberry Pi ter apenas 255 MB de RAM será provavelmente um grande ponto de discórdia no futuro. No entanto, se o modelo atualizado tiver mais RAM, o custo irá basicamente aumentar e o preço de venda poderá não ser capaz de cobrir o custo. Por conseguinte, se quiserem manter os custos baixos, poderão ter de fazer alguns cortes noutras caraterísticas do modelo B. Por exemplo, o Bluetooth e os tradutores de áudio analógico-digital incorporados devem ser eliminados porque a tecnologia no seu conjunto não é muito útil. . Será que esta tecnologia se vai tornar comum por ser tão boa? Não, é a resposta. Como a tecnologia avança diariamente, temos agora uma variedade de dispositivos de alta tecnologia que funcionam de forma semelhante ao Raspberry Pi, como smartphones e tablets. No entanto, o que distingue o Raspberry Pi destes outros dispositivos é o facto de lhe permitir construir o seu próprio pequeno computador pessoal. Embora isto possa parecer atrativo para alguns, é mais provável que outros sejam preguiçosos e desinteressados em aprender sobre TI, preferindo tirar partido da alta tecnologia que outros criaram para eles. Por outras palavras, a tecnologia avançada nem sempre é bem sucedida.

1.4 MLX90614 Sensor de temperatura

O monitor digital de temperatura por infravermelhos (IR) sem contacto MLX90614 é um sensor de temperatura que funciona sem contacto físico e que pode ser aplicado em vários ambientes, tais como industriais, médicos e residenciais. Este sensor possui uma vasta gama de temperaturas, desde -70°C a 382,2°C, e oferece uma exatidão e precisão excepcionais nas medições de temperatura.

Uma das vantagens do sensor MLX90614 é a sua natureza sem contacto, que lhe permite medir a temperatura de objectos em movimento e de veios de motores em rotação sem qualquer contacto direto. Esta caraterística torna-o ideal para utilização em indústrias como a indústria transformadora e aeroespacial, onde a monitorização da temperatura de peças em movimento é crucial para manter a segurança e a eficiência.

Além disso, o sensor MLX90614 integra-se perfeitamente em sistemas electrónicos graças à sua compatibilidade com a interface I2C. Esta caraterística torna-o adequado para uma vasta gama de aplicações, incluindo sistemas de domótica, dispositivos médicos e sistemas de monitorização ambiental.

Em termos gerais, o monitor digital de temperatura por infravermelhos (IR) sem contacto MLX90614 é um sensor versátil e fiável que oferece uma elevada exatidão e precisão na medição da temperatura, tornando-o adequado para uma variedade de aplicações industriais, médicas e domésticas.

Estas são as especificações do sensor de temperatura MLX90614:

- **Tensão de funcionamento:** O sensor pode funcionar numa gama de 3,6V a 5V. O sensor está disponível nas versões de 3V e 5V.

- **Corrente de alimentação:** A corrente de alimentação do sensor é de 1,5mA.

- **Gama de temperaturas do objeto:** O sensor de temperatura MLX90614 pode medir temperaturas entre -70°C e 382,2°C.

- **Faixa de temperatura ambiente:** O sensor pode funcionar num intervalo de temperatura ambiente de -40°C a 125°C.

- **Precisão:** A exatidão do sensor de temperatura MLX90614 é de 0,02°C, o que o torna altamente preciso.

- **Campo de visão:** O sensor tem um campo de visão de 80°, o que significa que pode medir a temperatura de uma área relativamente grande.

- **Distância entre o objeto e o sensor:** O sensor tem a capacidade de medir a temperatura de um objeto situado a uma distância que varia aproximadamente entre 2cm e 5cm do sensor.

Aplicações para o sensor de temperatura MLX90614

A elevada precisão e exatidão do MLX90614 fazem dele uma opção popular em áreas onde a monitorização da temperatura é vital, como nas indústrias automóvel e aeronáutica, onde pode ser utilizado para monitorizar a temperatura dos componentes do motor ou dos sistemas de bordo. Além disso, também é comummente utilizado em aplicações médicas para monitorização não invasiva da temperatura corporal, bem como em investigação e desenvolvimento para testes e análises de materiais. Em casa, pode ser utilizado para a monitorização da temperatura de sistemas AVAC ou para a automatização doméstica eficiente em termos energéticos. De um modo geral, a versatilidade e a precisão do MLX90614 tornam-no uma ferramenta valiosa em muitos cenários diferentes.

Câmara Pi

O módulo de câmara Raspberry Pi é uma ferramenta versátil tanto para a captura de imagens fixas como para a gravação de vídeo de alta definição. A câmara suporta vários formatos de vídeo, incluindo 1080p30, 720p60 e VGA90, e capta imagens fixas até uma qualidade natural de 5 megapixéis. Liga-se à porta CSI do Raspberry Pi utilizando um fio de fita de 15 cm e o seu tamanho reduzido (25 mm x 20 mm x 9 mm) permite opções de montagem flexíveis.

Figura 3.4: Câmara Pi

Relativamente às suas especificações, a câmara utiliza o CSI (Camera Serial Interface) como tipo de interface e é capaz de suportar resoluções de vídeo de 1080p a 30fps, 720p a 60fps e 640x480p a 60/90fps. Tem dimensões compactas de 25mm x 23mm x 8mm (comprimento x largura x altura) e é totalmente compatível com o Raspberry Pi 3 Modelo B. A câmara foi concebida para ser um dispositivo plug-and-play especificamente para o Raspberry Pi 3 Modelo B, garantindo uma utilização conveniente e uma integração perfeita em vários projectos.

1.5 Ecrã de cristais líquidos (LCD)

Os LCDs têm 2 linhas e podem mostrar 16 caracteres em cada linha. Em qualquer caso, quando é comunicado com o microcontrolador, as mensagens podem ser analisadas com programação para mostrar dados com mais de 16 caracteres.[3] O Arduino IDE permite ao cliente envolver o LCD no modo de 4 bits. Este tipo de correspondência permite ao cliente diminuir a utilização de pinos no Arduino, de forma alguma como outro o Arduino não precisa ser personalizado de forma independente para envolvê-lo em um modo de 4 bits à luz do fato de que, é claro, o Arduino está configurado para transmitir no modo de 4 bits. O ecrã de cristais líquidos (LCD) é um tipo de ecrã plano ou ecrã digital visual/vídeo que utiliza as propriedades moduladoras dos cristais líquidos em vez de emitir luz diretamente. Os LCDs são normalmente utilizados em televisores, monitores de computador, painéis de instrumentos, ecrãs de cockpit em aviões e vários tipos de sinalização.

Os LCDs são amplamente utilizados com o Tubo de Raios Catódicos (CRT) sendo ultrapassado em aplicações máximas [3]. Os shows de LCD estão disponíveis em uma variedade maior de tamanhos de exibição do que os shows de CRT e Plasma, e que eles não contratam fósforos ou são afetados pela queima de imagens. Aqui é utilizado um ecrã LCD 16x2.

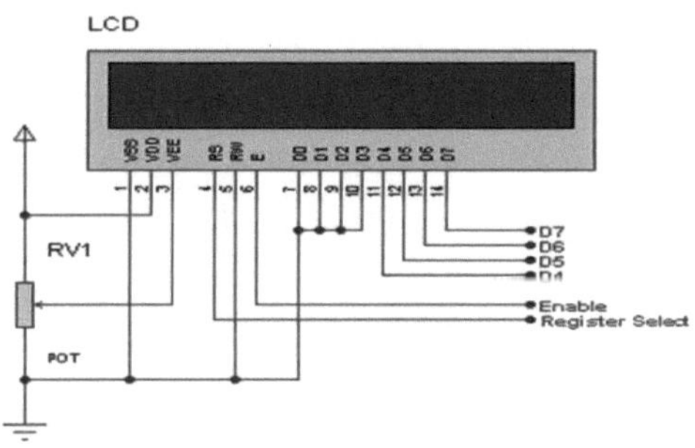

Figura 3.5: A posição e o diagrama de pinos do ecrã LCD 16x2

A tecnologia LCD (Liquid Crystal Display) utiliza uma camada de cristais líquidos posicionada entre dois eléctrodos transparentes, normalmente feitos de óxido de índio e estanho (ITO). A luz que atravessa o primeiro polarizador seria totalmente bloqueada pelo segundo polarizador se não existisse uma camada de cristais líquidos entre os polarizadores. Antes da aplicação de um campo elétrico, a orientação das moléculas de cristal líquido não é totalmente determinada pelo alinhamento nas superfícies dos eléctrodos.

1.6 Fonte de alimentação

Um adaptador CA, referido como adaptador ou conversor CA/CC, é uma fonte de alimentação externa normalmente encerrada numa caixa semelhante a uma tomada CA. Os adaptadores CA são também conhecidos por vários nomes, tais como pacotes de fichas, adaptadores de encaixe, blocos de conversores, transformadores de parede, conversores de rede doméstica e adaptadores de linha de alimentação. Estes adaptadores são utilizados para fornecer energia a dispositivos eléctricos que necessitam de eletricidade, mas que não possuem os componentes internos necessários para receber diretamente a tensão e a energia necessárias da fonte de alimentação.

O circuito interno de uma fonte de alimentação externa assemelha-se muito à estrutura de uma fonte de alimentação interna ou incorporada. As fontes de alimentação externas são utilizadas por dispositivos que não dispõem de uma fonte de alimentação alternativa ou por dispositivos alimentados por bateria. Em alguns casos, estas fontes de alimentação externas podem não só fornecer energia ao dispositivo quando ligado à corrente, mas também carregar a bateria do dispositivo.

A utilização de uma fonte de alimentação externa permite a utilização de equipamento portátil alimentado por bateria sem o peso adicional dos componentes de alimentação internos. Não faz sentido criar equipamento que só possa ser utilizado com uma fonte de alimentação específica. Por conseguinte, os adaptadores CA são cruciais para garantir a flexibilidade e a mobilidade dos dispositivos electrónicos.

Figura 3.6: Adaptador

Especificações:

1. Proteção contra curto-circuitos de saída: O adaptador da fonte de alimentação está equipado com um mecanismo de proteção contra curto-circuitos incorporado que protege o dispositivo ligado em caso de curto-circuito, evitando danos tanto na fonte de alimentação como no dispositivo.

2. Proteção do filtro contra sobretensão e sobrecarga: Para proteção contra situações de sobretensão e sobrecarga, o adaptador da fonte de alimentação inclui um filtro que regula a tensão e a corrente de saída, garantindo uma alimentação estável e segura ao dispositivo ligado.

3. Baixa temperatura de funcionamento Longa vida útil: O adaptador da fonte de alimentação foi concebido para funcionar a baixas temperaturas, o que não só garante a segurança do próprio adaptador como também prolonga a sua vida útil, contribuindo para a sua fiabilidade e durabilidade.

4. Bom desempenho de isolamento, alta resistência eléctrica: O adaptador da fonte de alimentação apresenta um excelente desempenho de isolamento, o que significa que isola eficazmente os circuitos de entrada e saída, evitando fugas eléctricas e aumentando a segurança. Além disso, possui uma elevada resistência eléctrica, o que lhe permite suportar flutuações e picos de tensão.

5. Tensão de entrada: AC100-240V: O adaptador da fonte de alimentação aceita uma vasta gama de tensões de entrada, de 100V a 240V AC. Esta caraterística torna-o compatível com várias tomadas eléctricas e permite a sua utilização em diferentes países com diferentes normas de tensão.

6. Tensão de saída: 5V: O adaptador da fonte de alimentação fornece uma tensão de saída estável de 5 volts, garantindo a compatibilidade com dispositivos que requerem este nível de tensão específico.

7. Corrente de saída: 3A: O adaptador da fonte de alimentação fornece uma corrente de saída de 3 amperes, que é a corrente máxima que pode fornecer. Esta classificação de corrente torna-o adequado para alimentar dispositivos que requerem até 3A de corrente.

Além disso, o adaptador de alimentação Raspberry Pi AC 100-240V DC 15W EU Plug USB Power Supply Charger with Connecting Cable descrito na descrição é um modelo de alta qualidade com uma saída 3A genuína e completa. Possui proteção IC (Integrated Circuit), que melhora a segurança e a fiabilidade do adaptador, monitorizando e controlando ativamente a tensão e a corrente de saída para proteger o dispositivo ligado.

1.7 LED

A indústria da iluminação foi revolucionada pela introdução dos díodos emissores de luz (LED), que são fontes de luz semicondutoras. Inicialmente introduzidos como um componente eletrónico prático em 1962, os primeiros LEDs emitiam luz vermelha de baixa intensidade. No entanto, avanços tecnológicos significativos levaram ao desenvolvimento de LEDs modernos que produzem luz de brilho notável num amplo espetro de comprimentos de onda, abrangendo as gamas visível, ultravioleta e infravermelha.

Os LEDs tornaram-se omnipresentes em várias aplicações, servindo como lâmpadas indicadoras em numerosos dispositivos e encontrando uma utilização crescente para fins de iluminação geral. O seu tamanho compacto, durabilidade e eficiência energética fazem deles uma escolha popular para soluções de iluminação em ambientes residenciais, comerciais e industriais.

A estrutura interna de um LED é composta por várias peças-chave que funcionam em harmonia para produzir luz. A figura 3.7 ilustra a estrutura interna de um LED, mostrando a intrincada disposição dos materiais semicondutores. Estes materiais, normalmente feitos de arsenieto de gálio (GaAs) ou nitreto de gálio (GaN), são cuidadosamente selecionados para emitir luz de comprimentos de onda específicos quando a corrente passa através deles.

A Figura 3.8 apresenta uma visão mais detalhada das partes individuais de um LED. Os componentes principais incluem o chip semicondutor, que serve de elemento emissor de luz, e a estrutura de chumbo, que fornece suporte mecânico e ligações eléctricas. O chip é encapsulado num invólucro protetor feito de epóxi ou outros materiais, que protege os delicados materiais semicondutores dos factores ambientais e garante um desempenho ótimo. Quando um LED é exposto a uma tensão adequada, os electrões e os buracos recombinam-se no interior do material semicondutor, libertando energia sob a forma de fotões. A cor da luz produzida é determinada pela composição do material semicondutor e pelo intervalo de energia. Os LEDs podem emitir luz ao longo de todo o espetro visível através da conceção cuidadosa destes parâmetros, permitindo o fabrico de LEDs que emitem diversas cores, como o vermelho, o verde, o azul e até a luz branca.

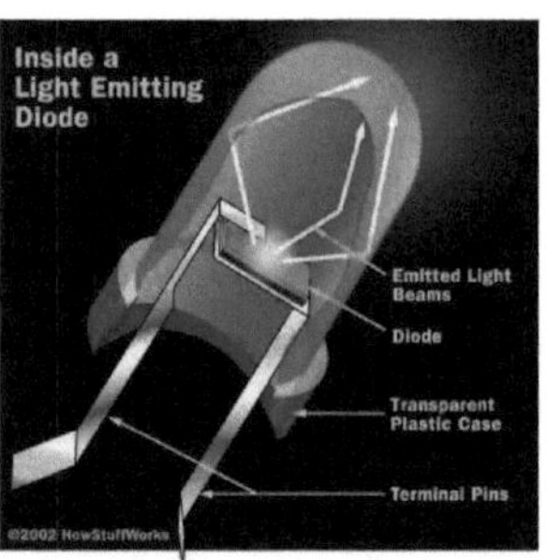

Figura 3.7: Interior de um LED

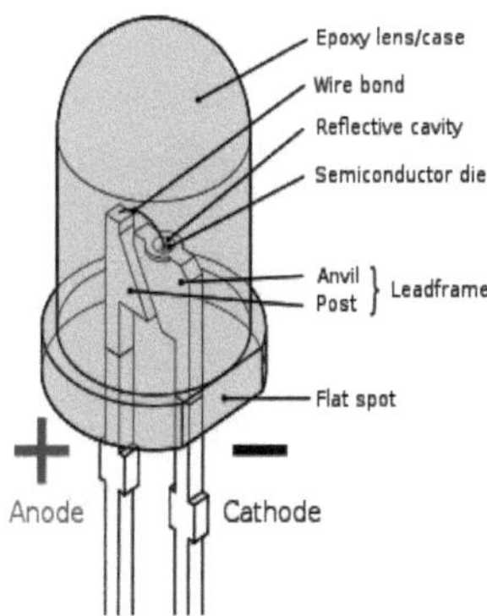

Figura 3.8: Partes de um LED

1.8 Buzina

A fonte sonora primária num dispositivo de som piezoelétrico é um diafragma piezoelétrico, que é composto por dois componentes principais: uma placa de metal, normalmente feita de latão ou aço inoxidável, e uma placa de cerâmica piezoeléctrica com eléctrodos em ambos os lados. São utilizados adesivos para unir a placa cerâmica piezoeléctrica à placa metálica. Quando é aplicada uma tensão de corrente contínua através dos eléctrodos da membrana piezoeléctrica, o efeito piezoelétrico provoca uma deformação mecânica. No caso de um elemento piezoelétrico com uma forma inadequada, este sofre uma deformação radial, resultando na flexão do diafragma piezoelétrico.

A placa metálica que liga o elemento piezoelétrico não se expande. Quando o elemento piezoelétrico se comprime, o diafragma piezoelétrico dobra-se para dentro. A estratégia As ondas sonoras são formadas na atmosfera como resultado da flexão repetitiva causada pela aplicação de tensão CA entre eléctrodos. A interface de uma campainha é feita com o circuito típico de interface de transístor. Se for utilizada uma fonte de alimentação diferente para o buzzer, os trilhos de 0V de cada fonte de alimentação devem ser ligados para fornecer uma referência comum. É vital lembrar que as sirenes piezoeléctricas utilizam substancialmente menos eletricidade do que as sirenes quando alimentadas por uma bateria. As campainhas emitem apenas um "tom", mas as sirenes piezoeléctricas podem produzir uma vasta gama de tons.

Para ativar o sinal sonoro, basta premir o botão High 1.

Para desativar o sinal sonoro, utilize o botão Low 1.

Figura 3.9: Sinal sonoro

1.9 Motor DC

Um motor de corrente contínua (CC) converte energia eléctrica em energia mecânica através de interações com campos magnéticos e condutores de corrente. Por outro lado, um alternador, gerador ou dínamo é um dispositivo que transforma energia mecânica em energia eléctrica. É possível utilizar motores eléctricos como geradores e vice-versa, dependendo do tipo específico. No caso de um motor de corrente contínua, a entrada é normalmente sob a forma de corrente ou tensão, enquanto a saída é o binário ou a velocidade.

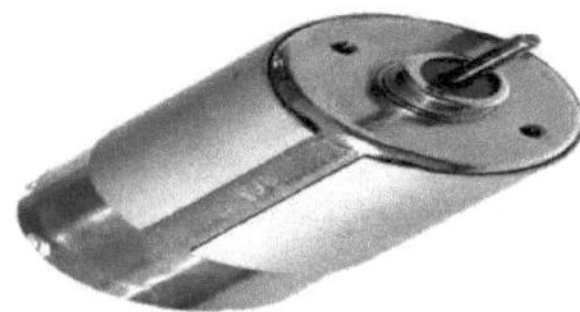

Figura 3.10: Motor DC

1.10 L293D Motor driver

O L293 e o L293D são circuitos integrados de acionamento de motores que podem suportar correntes elevadas e têm uma funcionalidade tripla de motor de meio-H. O L293 foi concebido para fornecer correntes de condução reversíveis até 1 A numa gama de tensões de 4,5 V a 36 V. Por outro lado, o L293D é capaz de produzir correntes de acionamento reversíveis até 600 mA dentro da mesma gama de tensões de 4,5 V a 36 V. Estes dispositivos foram especificamente concebidos para alimentar cargas indutivas, tais como relés, solenóides e motores passo a passo DC e bipolares em aplicações que utilizam uma alimentação positiva.

A lógica TTL (Transistor-Transistor Logic) pode ser compatível com todas as fontes. Cada saída está equipada com um circuito de acionamento totem-pole que inclui um dreno de transístor Darlington e uma fonte pseudo-Darlington. Os condutores são activados aos pares, por exemplo, 1,2EN activando os condutores 1 e 2, e 3,4EN activando os condutores 3 e 4. Quando uma entrada de ativação é definida como verdadeira, os controladores correspondentes são activados, permitindo que as suas saídas funcionem e estejam em sincronia com as suas entradas.

Quando a entrada de ativação é colocada num estado baixo, estes controladores ficam desactivados, o que faz com que as suas saídas entrem numa condição de impedância elevada. Cada conjunto de controladores forma uma unidade reversível full-H (ou ponte) que é adequada para aplicações que envolvam solenóides ou motores, utilizando as entradas de dados necessárias. Para atenuar o impacto dos transientes indutivos, recomenda-se a utilização de díodos externos de fixação de saída de alta velocidade em combinação com o L293. Além disso, para diminuir o consumo de energia, está disponível uma ligação VCC1 separada especificamente para as entradas lógicas, separada da VCC2.

A faixa de temperatura operacional para o L293 e o L293D é especificada como 0°C a 70°C.

O L293D tem as seguintes caraterísticas:

- Capacidade de corrente de saída de 600mA por canal

- Capacidade de corrente de saída de pico de 1,2 A (não repetitiva) por canal

- Proteção contra o sobreaquecimento

I MPLEMENTAÇÃO

1.11 Implementação de hardware

O diagrama esquemático e a conetividade da CPU Raspberry Pi 3 com cada módulo são tidos em conta. O diagrama esquemático abaixo descreve como cada componente interage com o microprocessador e os módulos de entrada/saída.

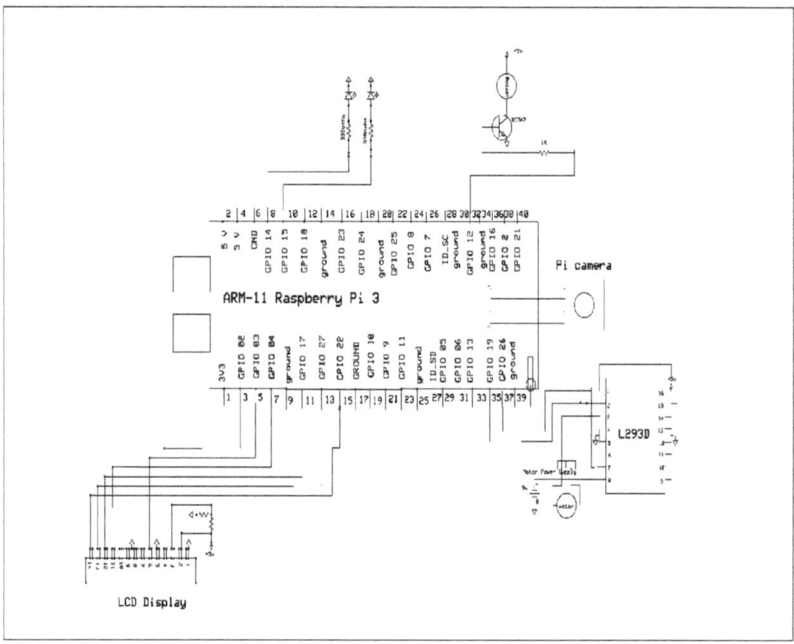

Figura 4.1: diagrama esquemático e interface do Raspberry pi 3

1.12 Implementação de software

Para fornecer mais informações e melhorar os detalhes que forneceu, aqui está uma versão alargada: Este projeto utiliza o seguinte software e o sistema operativo Linux para a sua implementação:

1. Sistema operativo Linux: O projeto é construído com base no sistema operativo Linux, que proporciona um ambiente robusto e flexível para o desenvolvimento e a execução.

2. OpenCV: OpenCV (Open Source Computer Vision Library) é uma popular biblioteca de software de código aberto para visão computacional e aprendizagem automática. Inclui uma série de funções e ferramentas para o processamento e análise de fotografias e vídeos. O OpenCV é utilizado neste projeto para realizar tarefas de visão computacional, incluindo a identificação de imagens, a deteção de objectos e o processamento de imagens.

3. Python: Python é uma linguagem de programação popular conhecida pela sua facilidade de utilização e adaptabilidade. Oferece uma vasta gama de bibliotecas e estruturas que a tornam adequada para tarefas como a análise de dados, a aprendizagem automática e o desenvolvimento de software. Neste projeto, Python é a principal linguagem de programação para codificar a lógica e implementar a funcionalidade desejada.

Ao utilizar o sistema operativo Linux, OpenCV e Python, este projeto pode tirar partido das poderosas capacidades da visão por computador e da flexibilidade do desenvolvimento de software para atingir os seus objectivos de forma eficaz.

1.12.1 Sistema operativo LINUX

Introdução

O Linux é um sistema operativo do tipo Unix construído em torno do kernel Linux. Ele adere à abordagem de desenvolvimento e distribuição de software livre e de código aberto. Linus Torvalds publicou o kernel Linux em 5 de outubro de 1991, e é o componente que define o Linux. Há um debate significativo sobre os padrões de nomenclatura, com a Free Software Foundation a escolher o nome GNU/Linux.

O projeto Linux Standard Base (LSB) foi lançado para normalizar a estrutura do sistema de software do sistema operativo GNU/Linux. Este projeto inclui a colaboração entre várias distribuições Linux que operam sob a estrutura organizacional da Linux Foundation. A LSB visa estabelecer diretrizes e normas comuns, incluindo a hierarquia do sistema de ficheiros, com base em especificações como o POSIX e a Especificação Única UNIX.

O sistema operativo Linux é composto por três componentes principais:

1. Kernel: O kernel do Linux serve como a base do sistema operativo. Ele gerencia funções cruciais e interage diretamente com o hardware subjacente. Composto por diferentes componentes, o kernel fornece uma camada de abstração que protege o sistema e os programas de aplicação das especificidades de hardware de baixo nível.

2. Biblioteca do sistema: As bibliotecas do sistema são colecções de programas ou funções especializadas que permitem que o software de aplicação e as ferramentas do sistema aproveitem as capacidades do kernel. Essas bibliotecas implementam a maioria dos recursos do sistema operacional, permitindo que os aplicativos acessem a funcionalidade do kernel sem precisar de acesso direto ao código do módulo do kernel.

3. Utilidade do sistema: Os programas utilitários individuais do sistema são responsáveis pela execução de tarefas especializadas. Estes utilitários executam funções especializadas e são frequentemente utilizados para a administração, configuração e gestão do sistema.

Em conjunto, o kernel, as bibliotecas de sistema e os utilitários de sistema formam o sistema operativo Linux, oferecendo um ambiente poderoso e flexível para o desenvolvimento e execução de software.

Para melhorar as instruções dadas para a configuração do Raspberry Pi e da interface da câmara, vou fornecer um guia passo a passo mais detalhado:

Configurar o Raspberry Pi e a interface da câmara:

Antes de começar, certifique-se de que tem uma placa Raspberry Pi com o sistema operativo Raspbian e um módulo de placa de câmara Raspberry Pi.

Passo 1: Ligar o Raspberry Pi ao módulo da câmara.

Encontre a porta da câmara na placa Raspberry Pi, que está posicionada perto da porta HDMI e aparece como um pequeno conetor retangular. Levante cuidadosamente as patilhas situadas em ambos os lados da porta da câmara. Insira o cabo de fita do módulo da câmara na porta, certificando-se de que os contactos metálicos estão afastados da porta HDMI. Prima novamente as patilhas para baixo para fixar firmemente o cabo de fita na sua posição.

Passo 2: Ligar o módulo de câmara.

a. Ligue o Raspberry Pi e espere que arranque.

b. Abrir o terminal no ambiente de trabalho do Raspberry Pi.

c. Introduza o seguinte comando depois de o escrever: raspi-config sudo A ferramenta de configuração do Raspberry Pi será lançada como resultado disto.

Passo 3: Ativar a interface da câmara utilizando raspi-config

a. Na ferramenta de configuração do Raspberry Pi, utilize as teclas de seta para navegar até ao menu "Interfacing Options" (Opções de interface).

b. Prima Enter para o selecionar.

c. Navegue até à opção "Câmara" e prima Enter.

d. Escolha "Enable" (Ativar) e prima Enter para ativar a interface da câmara.

e. Ser-lhe-á perguntado se pretende reiniciar. Selecione "Yes" (Sim) para reiniciar o Raspberry Pi.

Depois de o Raspberry Pi reiniciar, o módulo da câmara deverá estar ativado e pronto a ser utilizado. Pode agora começar a aceder e a utilizar o módulo da câmara com o seu Raspberry Pi. Tenha em atenção que os passos específicos podem variar ligeiramente, dependendo da versão do Raspbian OS ou da placa Raspberry Pi que estiver a utilizar. No entanto, o procedimento geral descrito acima deve ajudá-lo a configurar a interface da câmara com êxito.

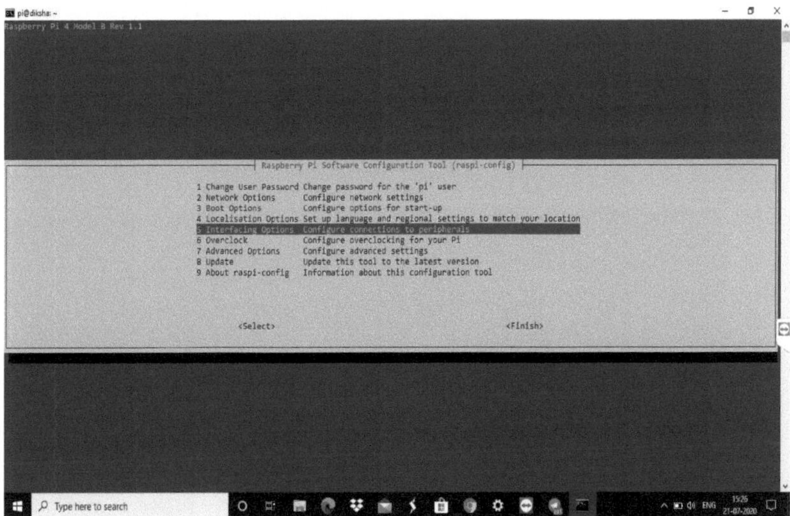

Figura 4.2: Abertura do terminal

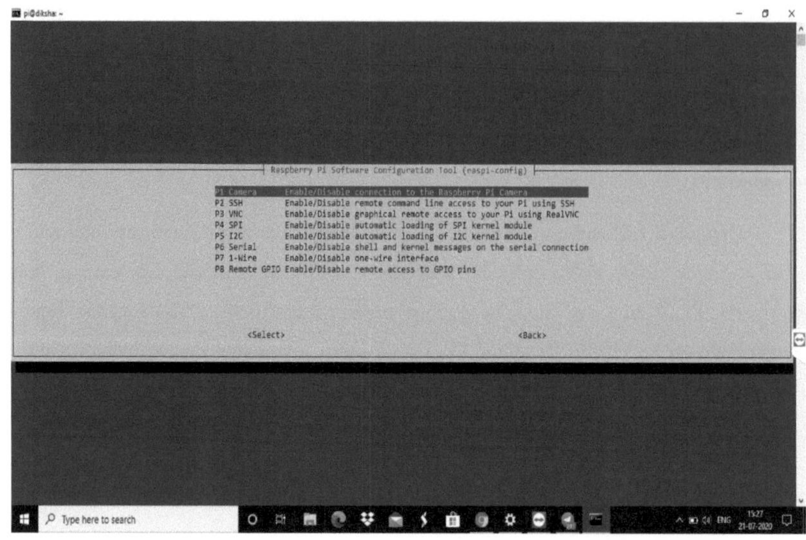

Figura 4.3: Seleção das opções de interface e da câmara

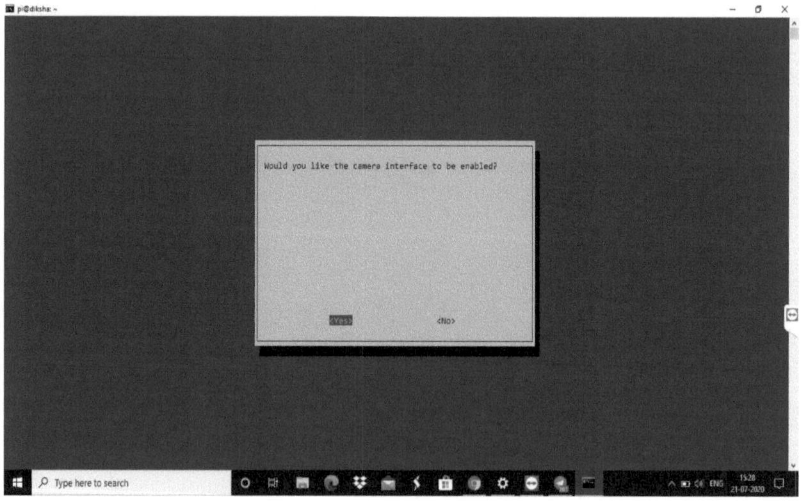

Figura 4.4: Ativar o módulo da câmara

1.12.2 CV ABERTO

O OpenCV é uma biblioteca de visão computacional de código aberto extremamente útil que oferece uma vasta gama de funcionalidades para tarefas como a deteção de objectos, o processamento de imagens e a análise de vídeo. No contexto da deteção de máscaras, o OpenCV revela-se extremamente valioso. Aqui está uma explicação melhorada de como o OpenCV pode ser utilizado para a deteção de máscaras:

1. **Deteção de rostos:** O OpenCV fornece métodos de deteção de rostos em imagens ou fluxos de vídeo. Utilizando técnicas como cascatas Haar ou modelos baseados em aprendizagem profunda, pode identificar regiões na entrada onde estão presentes rostos.

2. **Classificador de máscaras:** Deve ser ensinado um classificador para detetar se uma pessoa está ou não a usar uma máscara. O OpenCV permite-lhe treinar um modelo de aprendizagem automática utilizando fotografias de pessoas com e sem máscaras. As Máquinas de Vectores de Suporte (SVM) e as Redes Neuronais Convolucionais (CNN) são dois métodos que podem ser utilizados para este fim.

3. **Previsão:** Uma vez treinado o classificador de máscaras, este pode ser utilizado para prever se uma pessoa numa nova imagem está ou não a usar uma máscara. O OpenCV facilita a aplicação do classificador treinado às regiões do rosto detectadas, obtidas através da deteção de rostos.

4. **Modelos pré-treinados:** O OpenCV também fornece modelos pré-treinados para a deteção de objectos, incluindo a deteção de rostos. Estes modelos podem ser utilizados diretamente para identificar rostos numa imagem ou num fluxo de vídeo. Após a deteção de rostos, o classificador de máscaras pode ser aplicado para determinar se os rostos detectados têm máscaras ou não.

Tirando partido das funcionalidades robustas do OpenCV, incluindo a deteção de faces e as capacidades de aprendizagem automática, torna-se possível desenvolver sistemas eficazes de deteção de máscaras. Esses sistemas podem desempenhar um papel crucial em várias aplicações, como o controlo do cumprimento dos regulamentos relativos ao uso de máscaras ou a garantia da segurança em espaços públicos.

1.12.3 Python

Python é uma linguagem de programação amplamente utilizada que tem semelhanças na sintaxe com Perl, C e Java. No entanto, também tem algumas caraterísticas distintas que a diferenciam. Vamos melhorar as informações fornecidas:

Identificadores Python:

Em Python, os identificadores são utilizados para identificar variáveis, funções, classes, módulos e outras entidades. Um identificador começa com uma letra de A a Z ou um sublinhado (_) e pode ser seguido por qualquer combinação de letras, números (0 a 9) ou sublinhados. Símbolos como @, $, e % não são permitidos como parte de identificadores em Python. É importante notar que Python diferencia maiúsculas de minúsculas, por isso as variáveis denominadas "Manpower" e "manpower" são consideradas como duas entidades distintas.

Linhas e indentação:

O Python, ao contrário de outras linguagens de programação, utiliza a indentação de linhas para criar secções de código. A quantidade de indentação define blocos de código, tais como declarações de classes e funções ou instruções de controlo de fluxo. Embora a quantidade de espaços utilizados para a indentação possa variar, todas as declarações dentro de um bloco devem ser indentadas uniformemente.

Citação em Python:

Python permite a utilização de aspas simples ('), duplas ("), ou triplas (''' ou """) para denotar literais de cadeia. Desde que as aspas de abertura e de fecho sejam do mesmo tipo, as cadeias de caracteres podem ser definidas utilizando qualquer uma destas três opções. As aspas triplas podem ser utilizadas para representar cadeias de caracteres que abrangem várias linhas.

Comentários em Python:

Os comentários em Python são indicados pelo símbolo de hash (#) colocado fora de uma string literal. Quaisquer caracteres que apareçam após o símbolo # até ao fim da linha são considerados comentários e são ignorados pelo interpretador Python.

Compreender estes aspectos fundamentais do Python, tais como identificadores, indentação, cotação e comentários, é essencial para escrever código limpo e legível na linguagem.

R RESULTADOS

Este projeto foi desenvolvido para fazer face à atual pandemia global e proporcionar um sistema de entrada seguro e protegido para ambientes interiores. O seu objetivo é fazer cumprir os protocolos da COVID-19, incluindo a verificação da temperatura e a utilização de máscaras, garantindo que apenas as pessoas que cumprem estas orientações podem entrar nas instalações. O núcleo do sistema gira em torno do Raspberry Pi3 e integra a medição da temperatura corporal sem contacto e técnicas de deteção de máscaras faciais para determinar se um indivíduo está a usar uma máscara. Utilizando uma câmara Pi, o sistema capta imagens faciais e analisa-as para detetar a presença de uma máscara. Nos casos em que a pessoa não está a usar uma máscara, o processador Raspberry Pi3 desencadeia acções como o bloqueio da porta, a ativação de um sinal sonoro e o envio de um e-mail para lembrar a pessoa de usar uma máscara. Além disso, o sistema está equipado com a capacidade de monitorizar a temperatura corporal da pessoa. Caso a temperatura exceda a temperatura média do corpo humano, o Raspberry Pi3 tranca a porta e acciona um alerta sonoro utilizando a campainha. Por outro lado, se a temperatura estiver dentro do intervalo aceitável, a porta é destrancada, permitindo a entrada da pessoa. Este sistema inteligente de monitorização de entradas oferece uma solução simples mas eficiente para fazer cumprir os protocolos COVID-19 e garantir a segurança dos ambientes interiores.

Segue-se uma descrição melhorada da funcionalidade do projeto:

1. Medição da temperatura corporal: O Raspberry Pi 3, equipado com sensores de temperatura adequados, permite a medição sem contacto da temperatura corporal de uma pessoa. Isto permite um controlo não intrusivo da temperatura à entrada. Os dados relativos à temperatura são processados pelo processador do Raspberry Pi 3.

2. Deteção da máscara facial: A câmara Pi, ligada ao Raspberry Pi 3, é utilizada para a deteção de máscaras faciais. O sistema utiliza técnicas de visão por computador, possivelmente utilizando o OpenCV, como mencionado anteriormente, para determinar se uma pessoa que entra nas instalações está a usar uma máscara ou não.

3. Ação na deteção de máscara: Se o sistema detetar que uma pessoa não está a usar uma máscara, o processador do Raspberry Pi 3 gera um sinal para trancar a porta de entrada, impedindo a pessoa de entrar. Além disso, é enviada uma notificação por correio eletrónico à pessoa em causa para a informar da obrigação de usar uma máscara. É ativado um alerta sonoro através de uma campainha para chamar a atenção para a situação.

4. Temperatura superior ao limiar: No caso de a temperatura corporal de uma pessoa exceder a temperatura média do corpo humano, o Raspberry Pi 3 inicia o bloqueio da porta de entrada e acciona um alerta sonoro através da campainha. Isto ajuda a identificar indivíduos com temperaturas corporais potencialmente elevadas, que podem ser indicativas de febre.

5. Acesso permitido: Se uma pessoa estiver a usar uma máscara e a sua temperatura corporal estiver dentro dos limites normais, o Raspberry Pi 3 mantém a porta de entrada aberta, permitindo que a pessoa entre nas instalações.

Ao integrar a medição da temperatura, a deteção de máscaras faciais e um mecanismo automático de fecho de portas, o sistema visa melhorar os protocolos de segurança em ambientes interiores durante a pandemia de COVID-19. Fornece monitorização e alertas em tempo real, assegurando que as pessoas que aderem às medidas de segurança têm acesso e tomando as medidas adequadas em caso de incumprimento.

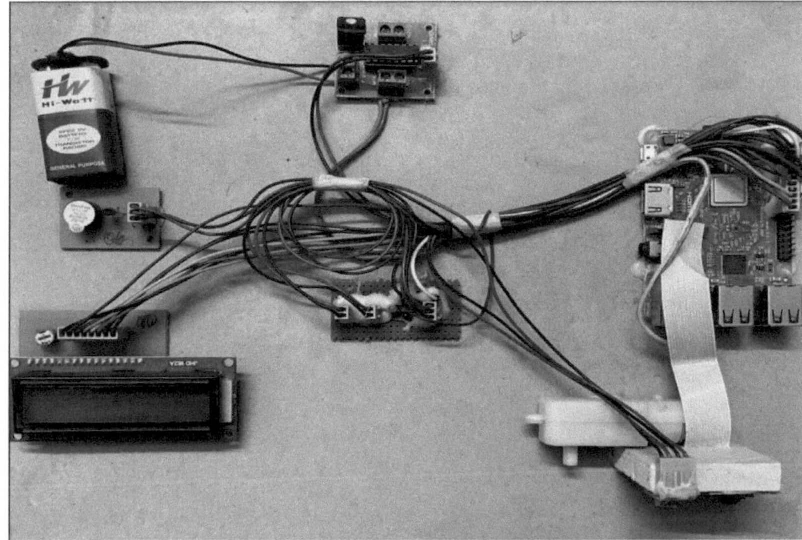

Figura 5.1: A configuração completa do projeto

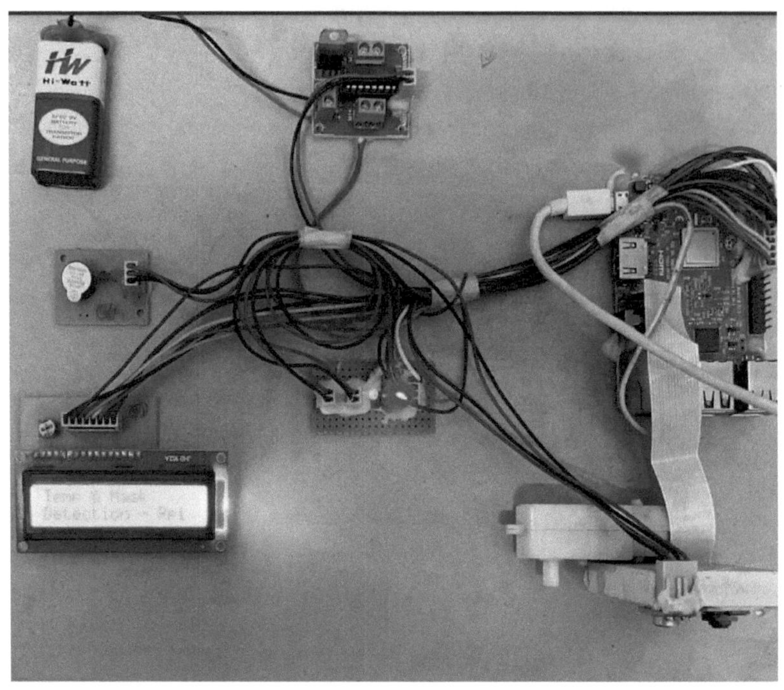

Figura 5.2: Medição da temperatura corporal e deteção da máscara facial

Figura 5.3: Alerta de correio eletrónico para temperatura corporal elevada

Figura 5.4: Alerta de correio eletrónico para deteção de ausência de máscara

Para melhorar a apresentação dos resultados dos casos de teste para diferentes cenários, vamos fornecer uma estrutura e um formato mais claros:

Tabela 5.1 Resultados do caso de teste:

Caso de teste	**Resultado esperado**	**Resultado efetivo**	**Aprovado/Reprovado**
Teste 1	Sem máscara e temperatura elevada: porta trancada, notificação por correio eletrónico, campainha activada	Porta trancada, notificação por e-mail enviada, campainha activada	Passar
Teste 2	Sem máscara mas com temperatura normal:Porta trancada, notificação por correio eletrónico enviada, campainha activada	Porta trancada, notificação por e-mail enviada, campainha activada	Passar
Teste 3	Máscara usada mas temperatura elevada:Porta trancada, notificação por correio eletrónico enviada, campainha activada	Porta trancada, notificação por e-mail enviada, campainha activada	Passar
Teste 4	Máscara usada e temperatura normal:Porta aberta	Porta aberta	Passar

CONCLUSÃO E ÂMBITO FUTURO

1.13 Conclusão

Em conclusão, o sistema de monitorização inteligente de entradas, baseado na Internet das Coisas, para deteção da temperatura corporal e da máscara facial, respondeu com êxito à necessidade de medidas de segurança reforçadas durante a pandemia de COVID-19. O projeto demonstrou a integração eficaz de tecnologias IoT e técnicas de visão computacional para criar um sistema robusto e eficiente. Ao tirar partido das capacidades da Internet das coisas, o sistema proporcionou uma monitorização sem contacto e em tempo real da temperatura corporal e da conformidade da máscara facial. A integração do Raspberry Pi e do módulo de câmara Pi permitiu medições precisas da temperatura e uma deteção precisa da máscara facial.

A capacidade do sistema para detetar incumprimentos, como o facto de uma pessoa não usar uma máscara ou ter uma temperatura corporal elevada, foi implementada com sucesso. As acções automáticas tomadas pelo sistema, incluindo o bloqueio da porta, a ativação de um sinal sonoro e o envio de notificações por correio eletrónico, garantem o cumprimento rigoroso dos protocolos de segurança.

O sucesso do projeto reside na colocação cuidadosa e no raciocínio de cada componente de hardware, garantindo uma comunicação e um funcionamento perfeitos. A utilização de CIs avançados e de tecnologia em crescimento melhorou ainda mais o desempenho, a precisão e a fiabilidade do sistema. Foram realizados processos de conceção e de teste exaustivos para validar a funcionalidade do sistema. A integração de técnicas de visão por computador, como o OpenCV, para a deteção de máscaras faciais melhorou ainda mais a eficácia do sistema.

De um modo geral, o sistema de monitorização de entradas inteligentes com base na IoT para a deteção da temperatura corporal e da máscara facial atingiu com êxito os seus objectivos de reforço das medidas de segurança. Fornece uma solução fiável e automatizada para monitorizar e fazer cumprir os protocolos COVID-19, contribuindo para um ambiente mais seguro para as pessoas que entram nas instalações.

1.14 Âmbito futuro

Podemos alargar ainda mais este projeto incorporando sensores de saúde adicionais, como sensores de batimento cardíaco, oxigénio e respiração, utilizando a tecnologia IoT. Ao integrar estes sensores no sistema, podemos recolher dados de saúde abrangentes e monitorizar os sinais vitais dos indivíduos em tempo real.

Os dados recolhidos do sensor podem ser transmitidos sem fios para uma plataforma IoT, onde podem ser analisados e processados. O sistema pode então apresentar os parâmetros do sensor, incluindo a temperatura corporal, o batimento cardíaco, os níveis de oxigénio e a frequência respiratória, num ecrã LCD ou numa interface de utilizador.

Alargar o âmbito do projeto para incluir a monitorização e a análise dos dados dos sensores pode fornecer informações valiosas sobre o estado de saúde geral dos indivíduos. Pode ajudar a identificar sinais precoces de problemas de saúde e permitir uma intervenção atempada. Além disso, a integração da tecnologia IoT permite a monitorização e gestão centralizadas de vários nós de sensores, possibilitando a escalabilidade e a flexibilidade.

Além disso, o sistema pode ser utilizado para monitorizar e gerir o surto de COVID-19. Ao analisar os dados recolhidos, incluindo a temperatura corporal e outros sinais vitais, o sistema pode ajudar a identificar potenciais casos de COVID-19 numa região específica. Com base nesta informação, o sistema pode classificar as regiões como zonas vermelhas, laranja ou verdes, indicando a gravidade do surto nessas áreas.

Este projeto pode desempenhar um papel crucial na gestão eficaz da pandemia de COVID-19, proporcionando uma monitorização da saúde em tempo real, a deteção precoce de casos potenciais e a tomada de decisões com base em dados. Ao reduzir a transmissão viral através de medidas proactivas e de uma intervenção atempada, podemos contribuir para controlar a propagação do vírus e salvaguardar a saúde pública.

De um modo geral, a extensão deste projeto com sensores de saúde adicionais e o aproveitamento da tecnologia IoT permite uma monitorização abrangente da saúde, uma gestão eficaz dos surtos e o potencial para reduzir a transmissão viral.

Referências

[1] Chau, N. V. V. "Thanh Dung N, et al." *A história natural e o potencial de transmissão da infeção assintomática por SARS-CoV-2. Clin Infect Dis* 71, no. 10 (2020): 2679-2687.

[2] Coronavírus, Etiópia. "13.968 Casos e 223 Mortes: https://www. worldometers. info/coronavirus/country/ethiopia." *Acedido em* 27 (2020).

[3] Dbouk, Talib, e Dimitris Drikakis. "Sobre gotículas respiratórias e máscaras faciais". *Física dos Fluidos* 32, no. 6 (2020): 063303.

[4] ElShafee, Ahmed, e Karim Alaa Hamed. "Conceção e implementação de um sistema de automação residencial baseado em WIFI". *International Journal of Computer and Information Engineering* 6, no. 8 (2012): 1074-1080.

[5] Galbadage, Thushara, Brent M. Peterson e Richard S. Gunasekera. "O COVID-19 se espalha apenas por meio de gotículas?". *Fronteiras em saúde pública* (2020): 163.

[6] Jena, Pravat Kumar. "Impacto da pandemia de COVID-19 na educação na Índia". *Revista Internacional de Pesquisa Atual* 12, no. 7 (2020): 12582-12586.

[7] Morawska, L., J. W. Tang, W. Bahnfleth, P. M. Bluyssen, A. Boerstra, G. Buonanno, J. Cao et al. "ichi Tanabe S." *Tellier R., Tham KW, Wargocki P., Wierzbicka A. e Yao M., "Como pode a transmissão aérea de COVID-19 em ambientes fechados ser minimizada* (2020).

[8] NRoy, Indra Prosad, Mostafizur Rahman, Mahdi Hasan e Md Shohrab Hossain. "Sistema de monitoramento de entrada inteligente suspeito COVID-19 baseado em IoT." Em *2021 Quinta conferência internacional sobre I-SMAC (IoT em social, móvel, analítica e nuvem) (I-SMAC)*, pp. 11-19. IEEE, 2021

[9] Song, Yang, Min Zhang, Ling Yin, Kunkun Wang, Yiyi Zhou, Mi Zhou e Yun Lu. "Tratamento da COVID-19: perto de uma cura? Uma revisão rápida das farmacoterapias para o novo coronavírus (SARS-CoV-2)". *Revista internacional de agentes antimicrobianos* 56, no. 2 (2020): 106080.

[10] Zhai, P., Y. Ding e X. Wu. "Long J, Zhong Y, Li Y." *A epidemiologia, o diagnóstico e o tratamento da COVID-19. Intern J Antimicrob Agents* 55, no. 5 (2020): 105955.

Printed by Books on Demand GmbH, Norderstedt / Germany